Como reduzir o impulso de comprar

Copyright 2012 by Reinaldo Domingos

Direção editorial: Simone Paulino
Projeto gráfico e diagramação: Terra Design Gráfico
Editora-assistente: Silvia Martinelli
Produção editorial: Maíra Viana
Redação: Jussara Mangini
Produção gráfica: Christine Baptista
Revisão: Assertiva Produções Editoriais
Impressão: Intergraf Ind. Gráfica Ltda.

Todos os direitos desta edição são reservados
à DSOP Educação Financeira Ltda.
Av. Paulista, 726 – cj. 1210 – 12º andar
Bela Vista – CEP 01310-910 – São Paulo – SP
Tel.: 11 3177-7800 – Fax: 11 3177-7803
www.dsop.com.br

```
Dados    Internacionais  de  Catalogação  na  Publicação  (CIP)
         (Câmara    Brasileira   do   Livro,   SP,   Brasil)

         Domingos, Reinaldo
            Como reduzir o impulso de comprar / Reinaldo
         Domingos. -- São Paulo : DSOP Educação Financeira,
         2013. -- (Coleção dinheiro sem segredo ; v. 5)

            ISBN 978-85-63680-71-6

            1. Dinheiro 2. Economia doméstica 3. Finanças
         pessoais - Decisões 4. Finanças pessoais -
         Planejamento 5. Investimentos 6. Matemática
         financeira 7. Poupança e investimento I. Título.
         II. Série.




13-00453                                           CDD-332.6
         Índices para catálogo sistemático:
         1. Educação financeira : Economia     332.6
```

DINHEIRO SEM SEGREDO

Como reduzir o impulso de comprar

REINALDO DOMINGOS

dsop

Sumário

Apresentação 8

Consumo inconsciente

Fuja das compras por impulso 13

Reavalie seus hábitos 18

Cuidado com o "eu mereço" 20

Sonhos X Realidade

Qual é o seu maior sonho? 27

A diferença entre sonho e delírio 31

Controle o seu orçamento 34

Atenção às armadilhas

Você tem alergia a dinheiro? 41

Não se deixe influenciar 45

As aparências enganam 48

Controle é a chave do sucesso

Não se deixe dominar pelo dinheiro 55

Faça o dinheiro trabalhar para você 58

A importância de poupar 62

Dissemine seu conhecimento 66

DSOP Educação Financeira 70

Reinaldo Domingos 72

Contatos do autor 74

Apresentação

A Coleção **Dinheiro sem Segredo** foi especialmente desenvolvida para ajudar você e muitos outros brasileiros a conquistar a tão sonhada independência financeira.

Nos 12 fascículos que compõem a Coleção, o educador e terapeuta financeiro Reinaldo Domingos oferece todas as orientações necessárias e apresenta uma série de conhecimentos de fácil aplicação, para que você possa adotar em sua vida a fim de equilibrar suas finanças pessoais.

Questões como a caminhada para sair das dívidas, a realização de sonhos materiais como a compra da casa própria e a melhor forma de preparar uma aposentadoria são abordadas numa leitura fácil, saborosa e reflexiva.

Os fascículos trazem dicas de como lidar com empréstimos, cheques especiais, cartões de crédito e financiamentos, todas elas embasadas numa metodologia própria, que já ajudou milhares de brasileiros a ter uma vida financeira melhor e a realizar seus sonhos.

Observador e atento, Reinaldo faz uso de tudo o que ouve em seu dia a dia como educador e consultor financeiro para explicar o que se deve ou não fazer quando o assunto é finanças. As dicas e ensinamentos que constam nos fascículos são embasados pela Metodologia DSOP, um método de ensino desenvolvido pelo autor que consiste em diagnosticar gastos, priorizar sonhos, planejar o orçamento e poupar rendimentos.

Consumo inconsciente

Fuja das compras por impulso.

Reavalie seus hábitos.

Cuidado com o "eu mereço".

Fuja das compras por impulso

Merecer é um verbo que vem sendo muito utilizado ultimamente. Todo mundo acha que merece uma porção de coisas. Tem gente que compra roupa nova toda semana. Tem aqueles que adquirem relógios, computadores e outros bens de consumo disponíveis no mercado.

Conheço mães que presenteiam seus filhos pequenos com brinquedos novos num curto espaço de tempo, sem qualquer critério. Vejo homens que costumam trocar de carro todos os anos e assim por diante.

Essas aquisições são feitas sob a desculpa do "eu mereço". E cada um tem seus motivos para justificar esse merecimento. No entanto, muitas vezes o tempo passa e as pessoas continuam extasiadas com seus pequenos prazeres cotidianos, sem perceber que se contentam, na verdade, com muito pouco.

Elas se queixam da vida e vêm me pedir aconselhamentos sobre sua vida financeira. Geralmente, me perguntam: "Reinaldo, o que estou fazendo de errado? A minha vida não anda, o meu dinheiro não rende até o fim do mês e tudo é tão complicado. Eu merecia uma estabilidade, um sossego, você não acha?".

Minha resposta para esse tipo de pergunta é que o comportamento de cada um influencia, e muito, os resultados que serão obtidos quando o assunto é dinheiro. Se a sua vida financeira está estagnada ou mesmo parece andar na marcha à ré, isso é um sinal de que talvez você precise rever alguns hábitos que fazem parte da sua rotina.

Certos costumes que você vai adotando ao longo do tempo podem estar atrapalhando a sua vida como um todo, seja no campo dos rendimentos ou mesmo em áreas como a relação familiar, o dia a dia no trabalho, entre outras.

Em minhas palestras ou nas consultorias individuais que realizo, observo uma coisa comum em casos como esse: pessoas que estão dormindo em vida, mergulhadas no sono profundo do consumo inconsciente. Estou falando das compras por impulso, um sintoma grave sinalizador de que a saúde financeira não vai bem.

Há quem acredite que consumir é um dos maiores prazeres da vida e deve ser praticado com a máxima intensidade – afinal, não sabemos se amanhã ainda estaremos aqui, então temos que aproveitar tudo hoje! A decisão de compra da maioria das pessoas funciona no "piloto automático", sem a intervenção do pensamento lógico e da ponderação necessária.

O que vemos hoje é que as pessoas deixaram de pensar com racionalidade para agir com impulsividade, guiadas pelo pensamento irracional. Ou seja, trocaram o "penso, logo existo" pelo "compro, logo existo", sem se darem conta de que a principal consequência ao adotar essa postura é "compro, logo devo".

Inebriados pela ilusão de pequenas satisfações materiais, como ter um casaco de grife ou assumir o alto custo de um automóvel cujo combustível e manutenção não cabem no seu bolso, muitos homens e mulheres são levados, muitas vezes sem perceber, ao desequilíbrio financeiro.

O merecimento de possuir algo que foi conquistado "na marra", pelas vias da impulsividade, quase sempre é um erro. Isso faz com que as pessoas se enrolem num emaranhado de táticas financeiras contraproducentes sem fim. São cada vez mais comuns histórias como a do sujeito que compra um computador em 10 parcelas de R$ 200,00 e, ao perder o emprego no quarto mês de pagamento, não tem mais como cumprir com a quitação do produto dali por diante.

Diante desse quadro, ele argumenta: "Dou um duro danado na minha profissão e, no momento da compra, achei que merecia ter um computador novo. Só não imaginei que ficaria desempregado". Pois esse é o ônus da impulsividade: não pensar adiante.

O que acontece é que as pessoas hoje não estão preparadas para nenhum tipo de imprevisto ou revés financeiro e, quando isso ocorre, a coisa começa a ficar fora de controle.

Elas começam a atrasar o pagamento de suas prestações e optam por quitar apenas o valor mínimo de seus cartões de crédito pensando que no próximo mês poderão reverter a situação. Ou ainda, o mais comum: tornam-se adeptas do uso do cheque especial e passam a incorporá-lo como se fosse um dinheiro próprio, o que não condiz com a realidade.

Diante desse emaranhado de complicações financeiras, passam a viver como se a situação crítica em que se encontram fosse algo comum. E, pior: continuam comprando coisas supérfluas, parceladas em diversas vezes, se sustentando numa segurança enganosa de que poderão bancar tais hábitos na base de empréstimos e outros tantos limites de crédito que hoje estão à sua disposição.

Em vez de se incomodar com a situação de crise e reagir, muitas pessoas acabam assumindo uma postura de passividade. Elas se acostumam a dar um "jeitinho" todo mês e podem acabar transformando sua vida financeira numa bola de neve de dívidas.

"É mais fácil fingir que não está vendo o problema do que encará-lo de frente", diz a sabedoria popular. Desse modo, o automatismo financeiro se instala e o tempo vai passando sem que seja possível para essas pessoas realizar e conquistar coisas maiores e mais importantes, que elas realmente merecem.

Se você se identificou com algumas das questões levantadas até agora, então é hora de despertar, romper de vez com a passividade e reagir. O primeiro passo é o mais difícil, mas ele precisa ser dado. Se você conseguir quebrar o ciclo comportamental que guiava sua vida até então certamente terá melhores condições de, pouco a pouco, ir à luta a fim de conquistar metas mais ambiciosas que envolvem realizações que você, de fato, merece.

Reavalie seus hábitos

A realidade é que as pessoas parecem não se dar conta de que merecem muito mais do que pensam. Estou falando de coisas maiores e mais importantes, que costumamos chamar de sonhos. Sem dar muito crédito aos seus verdadeiros sonhos, as pessoas levam a vida à toa, sem ter um propósito, um objetivo, achando que a felicidade se resume a um sapato novo ou a um aparelho de celular de última geração.

Elas se mantêm presas a um falso conceito de felicidade que as transforma em escravas de um sistema perverso: ficam rodeadas de produtos de consumo em troca de todo o dinheiro que ganham mensalmente, o que acaba fazendo com que tenham de trabalhar mais um mês inteiro a fim de bancar cada vez mais esses pequenos prazeres imediatistas.

Nesse círculo vicioso, os anos correm, o tempo vai passando e essas pessoas continuam com os mesmos sonhos, que parecem nunca se realizar, pois elas não fazem nada de concreto para que isso aconteça. O consumo diário de produtos supérfluos acaba sugando toda a renda, o que limita o planejamento de algo maior como uma grande viagem para o exterior, a aquisição da casa própria ou a possibilidade de cursar uma faculdade particular.

Esses planos mais ambiciosos são exemplos de sonhos comuns a muita gente. Para que eles se efetivem algum dia, é preciso que haja muita determinação e esforço por parte de cada pessoa no processo de construção gradativa dessas conquistas. Caso contrário, os sonhos vão se tornando cada vez mais distantes até que, no fim da vida, as pessoas acabam se dando conta de que viveram por muito tempo hipnotizadas por tapetes, almofadas, casacos, sandálias, cafeteiras, lustres, malas, poltronas, mesinhas de centro, TVs de 50 polegadas, etc.

Em alguns casos, essa conscientização chega tarde demais e já não há muito o que fazer. Ao despertar do sono profundo do automatismo consumista, várias pessoas se veem numa situação financeira delicada, agravada pelo avançar da idade, em que as barreiras a serem ultrapassadas para a conquista de seus sonhos se tornam quase que intransponíveis.

Cuidado com o "eu mereço"

Como vimos até aqui, muitas pessoas passam a vida adquirindo pequenas coisas que proporcionam apenas uma sensação de satisfação imediata. Fazem isso em nome da já comentada premissa do "eu mereço".

É um tal de: "Eu mereço um aparelho de DVD Blu-ray de última geração"; "Eu mereço camisas novas para causar uma boa impressão no trabalho"; "Eu mereço frequentar o bar da moda onde as bebidas são mais caras, mas vale a pena"; "Eu mereço ter uma TV por assinatura em casa"; "Eu mereço isso, eu mereço aquilo".

Se você também anda pensando dessa forma, é bom rever seus conceitos. Será que você merece mesmo gastar tudo o que ganha em coisas como essas, que não agregam nenhum valor real à sua vida? Até que ponto é possível levar a vida financeira na base do "jeitinho" que se dá ao final do mês quando as contas não fecham? Jeitinho este que, como já vimos, inclui a prática de faturas parceladas, empréstimos bancários, utilização de cheques especiais e outros limites de crédito.

Se você acha que merece uma estabilidade financeira, a realização de seus verdadeiros sonhos e a garantia de um futuro tranquilo, é meu dever alertá-lo: não adianta continuar usando todo o seu dinheiro para satisfazer desejos imediatos. Dessa forma você nunca conseguirá acumular uma quantia suficiente para investir no que realmente agregará valor à sua vida.

Sem contar que um dos sonhos mais comuns entre as pessoas é ter dinheiro guardado, pois com uma boa reserva financeira é possível manter um padrão de vida razoável por um longo tempo e superar eventuais imprevistos, caso algo inesperado aconteça.

Se você considerar o que já foi dito até aqui, ficará mais fácil enxergar o panorama geral da sua vida financeira atual. Reavaliando escolhas, livrando-se do automatismo consumista e praticando com muita vontade o ato de poupar, você estará semeando aquilo que merece de verdade: a realização dos seus sonhos.

Portanto, quando se deparar com um sapato maravilhoso ou vir um aparelho celular de última geração que parece ter sido feito para você, repita para si mesmo: "Eu mereço muito mais do que isso".

Lembre-se dos grandes sonhos que deseja realizar e do conforto que é viver sabendo que tem uma reserva financeira na poupança caso as intempéries da vida apareçam em seu caminho.

Ao visualizar seus verdadeiros objetivos materiais, a vontade imediatista de gastar seu dinheiro com sapatos, roupas, móveis ou eletrônicos irá diminuir aos poucos até não existir mais ou, pelo menos, estar controlada.

Após essas reflexões, você deve estar pensando que já é hora de adaptar o jargão do "eu mereço", não é mesmo? Então, vamos lá, repita comigo: "Eu mereço ter dinheiro".

Sonhos X Realidade

Qual é o seu maior sonho?

A diferença entre sonho e delírio.

Controle o seu orçamento.

Qual é o seu maior sonho?

Durante minhas palestras, costumo perguntar aos participantes quais são os seus maiores sonhos. Percebo uma certa inibição nas respostas e muitos não têm na ponta da língua o que apontar como sonho. Por mais incrível que pareça, estamos tão robotizados que vivemos o dia de hoje sem ter tempo ou interesse para olhar a nossa vida e os nossos planos a médio e longo prazos.

As pessoas levantam da cama alarmadas pelo despertador, tomam banho, saem correndo de casa, param em algum lugar para tomar café, mordem meio sanduíche e jogam o resto fora pois já estão atrasadas para entrar em uma reunião e, assim, seguem o seu dia nesse ritmo alucinante. Muitas vezes, ao cair da tarde, param em uma lanchonete ou padaria, compram doces, pães, entre outros produtos que acabam não consumindo por inteiro e saem apressadas, sem perceber que já é tarde e ainda não fizeram uma refeição decente, com calma.

Falando assim, parece que estou narrando a rotina de robôs ou máquinas, mas infelizmente trata-se do dia a dia da maior parte dos seres humanos que vivem nas grandes metrópoles e também em cidades de médio porte. Somando tudo isso aos problemas de trânsito, que tornam ainda mais caótica a vida dessas pessoas, é natural que, ao serem questionadas sobre sonhos, elas gaguejem ou emudeçam. Muitas vezes, mesmo estando completamente em silêncio, suas expressões parecem desenhar uma imensa interrogação como se me dissessem: "Sonho? O que é isso?".

Se já não há tempo nem para comer direito, imagine ficar de pernas para o ar sonhando. Em lugar dos sonhos, as pessoas dão prioridade aos tais pequenos prazeres, como já vimos: um vestido, uma joia, um computador portátil, um relógio de pulso, etc. É mais fácil desejar algo menor, que pode ser conquistado imediatamente, em diversas prestações, do que sonhar grande, com uma casa, um carro, um barco, uma longa viagem ou uma pós-graduação no exterior.

Esses são sonhos mais complicados de serem concretizados a curto prazo e, por isso, as pessoas costumam ignorar a possibilidade de realizá-los. Como já vimos, elas estão tão entretidas em viver um dia após o outro – ou matar um leão por dia, como diz a sabedoria popular – que não conseguem enxergar um palmo diante do nariz.

Quando ouço as tímidas respostas dos participantes dos cursos que ministro, percebo que devo estimulá-los a pensar em seus sonhos. Afinal, quem não é capaz de sonhar está adormecido em vida. Por isso, procuro desenvolver uma dinâmica em que os participantes possam dispor de um tempo necessário para exercer a prática do sonhar e peço que estabeleçam três sonhos como metas a serem conquistadas dali por diante.

O ideal é que os sonhos escolhidos tenham diferentes preços e que o prazo para alcançá-los se divida em três categorias: curto prazo (para ser realizado em até um ano); médio prazo (que será alcançado em até dez anos) e longo prazo (cujo tempo para ser concretizado poderá ser acima de dez anos).

Ao estabelecer os três sonhos e listar quanto poupará por mês a fim de alcançá-los num prazo pré-definido, você dará uma dimensão concreta aos seus objetivos. Somente assim você se organizará e deixará de viver como um robô, hipnotizado pelo automatismo do dia a dia. Não importa o tamanho ou o preço dos seus sonhos, o importante é saber quanto eles custam e determinar um prazo para que eles sejam realizados, sem "deixar para amanhã o dinheiro que pode ser poupado hoje".

Nesse processo, é fundamental o quesito "prazo" (dias, meses, anos), que deve ser disciplinadamente respeitado. Se você não estabelecer datas, os sonhos ficarão distantes e acabarão sendo sempre deixados para depois, mês a mês, ano a ano e você terminará cedendo aos impulsos momentâneos de consumo que devorarão todos os seus recursos financeiros.

Portanto, não caia na tentação de viabilizar apenas desejos momentâneos. Tenha sempre em mente como objetivo a efetivação dos seus três sonhos, pois assim você se sentirá motivado a seguir firme e forte no controle da sua vida financeira, controlando o caminho que o seu dinheiro faz dia após dia.

A diferença entre sonho e delírio

Algumas pessoas passam por momentos difíceis e, por isso, perdem um pouco a capacidade de distinguir a intensidade do que sentem das atitudes que tomam. Estou falando de casos em que o sujeito vive sob constante delírio, sem se dar conta da realidade.

É comum ouvirmos a seguinte justificativa de alguém que acabou de adquirir um bem de alto custo, muitas vezes acima da sua capacidade de pagamento: "Eu estava fora de mim, não sabia o que estava fazendo".

Diante desse quadro, quando pergunto qual é a diferença entre sonho e delírio, poucas pessoas sabem me responder. Então, gosto de deixar claro quando falo sobre educação financeira para quem quer que seja: sonho é um objetivo real de vida e delírio é um sintoma que nos abate quando estamos com febre.

Ou seja, delírio é um sinal de que o nosso organismo está doente, fora da normalidade. Portanto, cuide da sua saúde financeira e esteja alerta aos sintomas que possam surgir em seu comportamento quando o assunto é a sua vida financeira.

Como reduzir o impulso de comprar

Quando lê o extrato bancário, se você imediatamente incorpora o limite do cheque especial como um dinheiro seu e faz uso dele, isso é um sinal de que você pode estar em estado delirante. Digo o mesmo para aqueles que costumam parcelar as compras no cartão de crédito e, ao se depararem com a fatura, quitam apenas o valor mínimo, achando que estão em dia com suas contas.

É fundamental que você perceba que esses são hábitos delirantes. Você não está encarando a realidade: cheque especial é uma dívida que o banco está lhe oferecendo e a quitação da parcela mínima do cartão de crédito é a aquisição de uma porção de juros que ficarão atrelados aos seus débitos, como uma bola de neve que não para de crescer.

Portanto, faça um diagnóstico real da sua situação financeira e reflita sobre o modo como vem se comportando até agora. Um diagnóstico anual ou semestral é fundamental para que você mantenha o equilíbrio financeiro. Quando você tem em mente a lista de sonhos pelos quais escolheu batalhar e parte para o campo da ação com responsabilidade e planejamento, está sendo uma pessoa realista e lúcida.

No entanto, quando você entra num estado de alucinação e passa a concretizar os seus desejos na base dos "créditos fáceis", está decretando, paulatinamente, a falência dos seus órgãos. Isso é como alimentar uma doença grave e, em muitos casos, irreversível.

Sonhos X Realidade

E mais: quando você se vir diante de uma loja obcecado por determinado produto, pensando que morrerá se não tiver aquilo, respire fundo e dê um passo pra trás. A verdade é que você pode sobreviver sem a maior parte das coisas que estão à venda no mercado.

Portanto, não permita que a beleza das vitrines lhe turve a visão e o leve a um estado delirante. Esteja atento: a febre de consumo é uma doença muito comum nos dias de hoje. Por isso, todo cuidado é pouco.

Controle o seu orçamento

Quando listamos os nossos sonhos e passamos para o papel o valor de cada um deles e em quanto tempo conseguiremos realizá-los, percebemos que eles podem custar caro. Já fui procurado por várias pessoas que faziam argumentações como: "Mas, Reinaldo, o meu dinheiro mal dá para bancar os custos do mês, como é que eu vou separar uma quantia considerável da minha renda para a concretização dos sonhos, sendo eles tão caros?".

Costumo afirmar que sim, os sonhos custam caro. E, diante dessa constatação, é preciso colocar em prática algumas estratégias para realizá-los. Uma das primeiras medidas a serem tomadas é a reavaliação sincera das suas despesas mensais. Nessa etapa da sua reeducação financeira, você tem que ser franco consigo mesmo. Sempre há, em meio aos nossos gastos, algo de que podemos abrir mão.

Para alcançar os sonhos é preciso fazer alguns sacrifícios, e o corte no orçamento é um deles. Portanto, se você vinha gastando o seu dinheiro com supérfluos que não agregam valor à sua vida, chegou o momento de reformular alguns hábitos e abrir mão de determinadas coisas. Para começar a promover alguns cortes no orçamento, você precisa aprender a identificar o que é essencial e o que é supérfluo.

Você deve estar pensando: "É claro que sei o que significam essas duas palavras". No entanto, eu lhe pergunto: "Será que sabe mesmo?". Muita gente superestima o valor das coisas e acaba olhando para algo que é supérfluo, pensando que aquilo é fundamental.

Por exemplo, uma pessoa possui um carro seminovo, em ótimo estado, que vale R$ 24.000,00. O automóvel nunca deu problema, no entanto, ela está ansiosa para trocá-lo por outro carro, automático, cujo valor é R$ 54.000,00. Ela não tem nenhuma reserva financeira para complementar o montante do valor final do novo carro. E sabe o que vai fazer? Financiar o restante do valor num acordo em que, somando todas as parcelas, pagará no final o preço de quase dois carros.

Quando pergunto se ela precisa mesmo fazer isso agora, a pessoa me diz que ter um carro automático a deixará muito feliz. Alega também que "não quer adiar mais a sua felicidade".

Num caso como esse, podemos perceber o quanto os valores são relativos de uma pessoa para outra. Será mesmo que contrair uma dívida como essa vai compensar a "felicidade" de ter um carro automático? E depois, durante o financiamento, se ela perder o emprego e não puder continuar com o compromisso das prestações mensais, vai continuar feliz vivendo sob a constante ameaça de, a qualquer momento, ter que devolver esse carro?

Por tudo isso, é recomendável que você reveja os conceitos de essencial e supérfluo, pois em algum momento sua ansiedade pode levá-lo a superestimar alguns bens materiais. Ao promover os cortes no seu orçamento, analise bem os prós e contras de abrir mão de determinada coisa.

Tem gente que faz questão até da marca das azeitonas que compra no supermercado. Muitas vezes o produto cujo valor é mais caro revela-se ser também mais saboroso. No entanto, nesse caso, eu pergunto: será que azeitona é um item essencial para a sua alimentação ou pode ser descartado da sua lista de compras?

Assim como um pote de azeitonas, muitos outros produtos que entram no seu carrinho de compras são desnecessários. Uma caixa de chocolates, um pacote de salgadinhos, litros de refrigerante são exemplos de itens supérfluos que vemos constantemente nas prateleiras dos supermercados.

Antes de agarrar com unhas e dentes esses e outros produtos, recomendo que você avalie se eles são nutritivos, se são mesmo essenciais para a sua alimentação e por quanto estão sendo vendidos, ponderando também sobre o custo-benefício ao escolher um deles. Ao decidir pela compra, considere também se é de vital importância optar pela marca mais cara ou se um similar mais barato poderá satisfazer suas necessidades.

Meu conselho é que os ajustes no orçamento comecem pela ida ao supermercado até porque esses estabelecimentos costumam vender de tudo: meias, toalhas, tapetes, aparelhos eletrônicos, utensílios de cozinha, etc. Geralmente as pessoas passam pelos corredores e acabam levando produtos que nem haviam pensado em adquirir quando saíram de casa com o objetivo de repor sua despensa alimentar.

É importante considerar que o controle nos gastos não deve se restringir apenas ao supermercado. Os shopping centers também podem ser grandes locais de despesas não programadas. Você sai de casa para pegar um cinema e quando percebe está parado diante de uma vitrine, envolto pelo encantamento de faixas com dizeres como "tudo com 50% de desconto" ou "compre 1 e leve 2" ou ainda "oferta válida somente hoje".

A ideia inicial era ver um filme e comer pipoca, mas quando percebe você já está cheio de sacolas de compras não programadas. Esse é o clássico exemplo das chamadas compras por impulso. Cuidado, pois elas podem se tornar um furo no seu orçamento por onde o seu dinheiro talvez esteja escoando sem que você perceba. Sendo assim, mantenha-se alerta. O piloto da sua vida financeira é você. Assuma esse controle.

Atenção às armadilhas

Você tem alergia a dinheiro?

Não se deixe influenciar.

As aparências enganam.

Você tem alergia a dinheiro?

Quando tomamos a decisão de priorizar sonhos, materiais e não materiais, já vimos que é imprescindível fazer cortes no orçamento mensal, transformando o ato de comprar em uma atitude mais sustentável.

Por isso, para reestruturar o controle dos seus rendimentos a partir de agora, você terá que ser forte para resistir aos apelos de consumo. Se você tem dificuldade em dizer não e impor a si mesmo um limite quando o assunto é comprar, esse pode ser um primeiro sinal de que as coisas não vão bem.

Sabe aquelas pessoas que vivem a todo momento abrindo a carteira para retirar cédulas de dinheiro ou mesmo cartões de débito e crédito, sempre pagando alguma coisa? É muito provável que estejam em estado alérgico. Quando falo isso, muitos fazem cara de preocupação e me perguntam: "Mas, Reinaldo, alergia a quê?".

O mais curioso é que a resposta não tem nenhuma relação com a ingestão de alimentos ou o uso de produtos químicos. O que acontece muito é que as pessoas parecem ter alergia ao seu próprio dinheiro. Elas simplesmente não conseguem segurá-lo nas mãos. É como se sentissem uma coceira irritante que acaba estimulando-as a passar o dinheiro adiante.

Você pode até achar que estou exagerando, porém, como terapeuta financeiro, afirmo que esse é um mal comum entre as pessoas hoje em dia. Para tirar a prova, passe a observar o comportamento dos seus amigos e familiares. Com o tempo, verá que muitos deles não conseguem manter o dinheiro dentro da carteira e parecem estar sempre desesperados em encontrar motivos para passá-lo adiante.

São pessoas que adoram trocar o seu dinheiro por todo tipo de coisas. E, se observarmos com atenção, veremos que elas possuem tudo o que se pode imaginar dentro de suas casas, menos dinheiro.

Eu tenho uma funcionária que é exatamente assim. Certa vez ela me contou que perto do fim do mês já fica contando os dias para receber o salário, que sempre tem um destino certo: um conjunto de louças novas para a cozinha, um secador de cabelo pois o seu está ultrapassado, uma carteira para combinar com a nova bolsa que comprou no mês anterior e por aí vai.

Essa moça é o exemplo típico que acabei de relatar: ela está sempre buscando o que comprar, dizendo a si mesma que precisa de coisas das quais, na verdade, não necessita. Ela sofre do que eu chamo de "alergia ao dinheiro". Ou seja, não pode ver o saldo positivo em seu extrato bancário, que já vai gastando até se "livrar" do dinheiro. Esse é um caso grave e mais comum do que se imagina. É como se essa "alergia psicológica" tomasse conta de algumas pessoas e isso acabasse por se transformar numa obsessão que elas passam a ter por gastar dinheiro com tudo, o tempo todo.

Embora não pareça, estamos todos rodeados de pessoas assim: compulsivas financeiras anônimas. A maneira como elas pensam é muito nociva e acabará por levá-las a um caminho cheio de dívidas e sem nenhuma perspectiva de futuro.

Se você é dessas pessoas que não conseguem manter o dinheiro na conta bancária até o fim do mês, recomendo que faça uma reavaliação completa dos seus hábitos. Afinal, o seu dinheiro é resultado de muito esforço e trabalho e não deve ser trocado por qualquer coisa.

Portanto, em vez de passá-lo sem pensar para outras mãos, resista e avalie bem antes de fazer mais uma compra por impulso. Mantenha parte dos seus rendimentos numa poupança e confira o seu saldo semanalmente.

É importante que você sinta prazer em cuidar do seu dinheiro. A sua poupança deve ser vista como um bichinho de estimação que precisa dos seus cuidados constantemente. Você deve alimentá-la todo mês para que ela cresça saudável, firme e forte. Trate-a com carinho e divirta-se vendo-a "amadurecer".

Como reduzir o impulso de comprar

Somente aprendendo a gostar de ter dinheiro é que você se tornará próspero. Não faça como a maior parte das pessoas, que parece ter mais prazer em gastar o seu dinheiro com besteiras do que guardá-lo.

Não se deixe influenciar

Na sociedade de consumo em que vivemos, somos constantemente bombardeados por propagandas tentadoras, com slogans sedutores que diariamente enchem os nossos olhos de encantamento.

São peças publicitárias geralmente estreladas por pessoas bonitas e famosas, sorrisos felizes, luzes que piscam, paisagens em 3D, frases de efeito e música de fundo. Já repararam?

Em meio a tudo isso, é preciso que tenhamos atenção redobrada no que se refere ao impulso de sair por aí comprando, extasiados por tantas imagens hipnotizantes. Portanto, antes que a cegueira total tome conta da sua vida, puxe o freio de mão do consumismo e reflita sobre o poder de influência que agentes externos podem estar tendo sobre você.

Armadilhas disfarçadas de felicidade nos chegam a todo momento em forma de empréstimos bancários e prestações a perder de vista que aparentemente se justificam para chegarmos mais rápido ao que desejamos. No entanto, será que o atalho é o melhor caminho?

Como reduzir o impulso de comprar

Desvios como esses, que envolvem os chamados "créditos fáceis", podem acabar influenciando as pessoas ansiosas, que preferem "meter os pés pelas mãos" a ter um pouco de paciência e planejar um orçamento em que a conquista do que desejam possa ser alcançada de forma mais responsável.

Ou seja, já está mais do que na hora de refletir sobre uma questão imprescindível: "Você veio ao mundo para influenciar ou ser influenciado?". Considerando a hipótese de que você veio ao mundo para influenciar pessoas, essa pode ser uma oportunidade para orientar seus familiares e amigos a respeito do que é realmente saudável.

Mas, se você constatar que veio ao mundo para ser influenciado, pense bem, pois você poderá acabar sendo levado pelos que ditam as propagandas e anúncios de todo tipo espalhados por aí, atraindo para si uma série de complicações financeiras.

Às vezes, é muito mais inteligente seguir por um caminho mais longo para obter um bem de consumo, sem se deixar influenciar por agentes externos. Assim, você poderá juntar o seu dinheiro com o passar do tempo e depois, com ele em mãos, fazer a aquisição desejada sem contrair prestações que podem, no futuro, comprometer parte da sua renda todos os meses.

Algumas pessoas – muitas vezes, parentes e amigos próximos – podem dizer que isso é bobagem e que o importante é viver o momento. No entanto, considere que você já é adulto e capaz de tomar suas próprias decisões. Em alguns momentos, essas pessoas do seu convívio poderão convidá-lo a frequentar bares e restaurantes de alto custo, opções de divertimento que, muitas vezes, nem valem o custo-benefício.

Nesses casos, recuse os convites com delicadeza e proponha uma contrapartida. Sugira um passeio ou outra forma de lazer em que todos possam se divertir sem que seja necessário gastar com coisas das quais você não precisa.

Ao fazer isso, não fique com a sensação de que está se privando das coisas boas da vida, e sim que essa é uma maneira de preservar as suas finanças para depois ter uma vida assegurada por um longo tempo.

Não ligue se as pessoas disserem que você está fissurado nessa tal "educação financeira". Tudo isso será irrelevante no futuro quando você estiver com a sua vida estruturada e seus sonhos realizados.

Por fim, avalie também se já não é o caso de rever os seus ciclos de amizade, os lugares que tem frequentado e os produtos que anda consumindo. Será que o modo como você vive realmente o faz feliz? Ou seria uma maneira de forçar a barra para impressionar quem não tem tanta importância a fim de se sentir aceito num meio vazio, que em nada o preenche? Reflita sobre esse assunto.

As aparências enganam

Cuidar da aparência é uma prática comum a todos que querem viver em sociedade. Não só a higiene pessoal como também um bom corte de cabelo e boas roupas podem servir como um cartão de visitas para que você seja aceito no novo emprego, em um novo condomínio onde deseja morar, na sala de aula de uma faculdade e assim por diante.

No entanto, a boa aparência não pode ser confundida com práticas que envolvem a ostentação e a construção de uma imagem falsa que não tem base de sustentação e que, com o tempo, irá desmoronar.

O chamado "banho de loja" pode ultrapassar os limites de uma imagem apresentável para se transformar numa compra cara, que você não tem condições de bancar.

Muitas pessoas, pressionadas pelos parâmetros do meio social em que circulam – ou em que desejam começar a circular –, acabam se afundando em prestações para manter uma fachada ilusória que, aos olhos dos outros, aparentará que "sim, eu tenho dinheiro, o mesmo ou mais que vocês".

Todavia, chega uma hora em que a corda arrebenta. Já acompanhei casos de pessoas que carregavam uma caneta Mont Blanc dentro de uma bolsa Louis Vuitton, porém, eram donas de extratos bancários vergonhosos nos quais juros exorbitantes devoravam seus cheques especiais dia após dia.

As pessoas andam tão preocupadas em manter um perfil estético de perfeição que acabam se enrolando financeiramente para bancar uma vida ilusória. E mais: isso também acontece nas redes sociais.

Num mundo cada vez mais virtual, encontramos na rede perfis com fotos, descrições e dados de gente feliz e de bem com a vida. No entanto, ao observar essas pessoas de perto, percebemos que não é bem assim que a coisa funciona.

Quando nos orientamos pela aparência, na maior parte das vezes entramos numa furada sem tamanho, pois os gastos vão sendo realizados e os rendimentos que entram não são compatíveis para dar sustentação a um padrão de vida muitas vezes acima das nossas condições.

Você pode achar que estou exagerando, mas vou dar um exemplo. Certa vez atendi um sujeito que tinha um carro importado e passou a morar literalmente dentro dele, pois teve que entregar o apartamento alugado ao proprietário, já que não tinha condições de arcar com os custos da moradia.

Apaixonado pelo carro, ele resolveu abrir mão do próprio teto para continuar com seu automóvel de estimação. Passeando pelas ruas da cidade em que vivia, imagino que muitas pessoas deviam pensar que aquele era um sujeito feliz. Afinal de contas, não é todo mundo que tem condições financeiras para adquirir um carro importado. Mal sabiam elas que o pobre coitado não tinha nem casa para morar. Veja como as aparências enganam!

Com o passar do tempo, ele teve que se desfazer também do carro e voltou a morar na casa da mãe, com pouquíssimas condições para se reestruturar, chegando ao fim da linha da sua vida financeira: a falência total e perda dos bens, e, junto com eles, da sua autoestima.

Um dos conselhos que costumo dar é que as pessoas vivam sempre um degrau abaixo do padrão de vida que são capazes sustentar. Dessa forma, sempre contarão com uma margem de rendimentos que poderão ser aplicados em alguma emergência.

Quem faz o oposto e tenta viver um degrau acima do padrão de vida que pode bancar, certamente acumulará um déficit monetário que, ao longo da vida, tornará cada vez mais frágil sua sustentação financeira até o completo desmoronamento.

A questão que se impõe é: "Afinal de contas, você quer ter dinheiro de verdade ou quer apenas aparentar ter dinheiro?". Seja qual for a resposta, esse é o momento de refletir sobre os motivos reais que o levam a se deixar seduzir por esse mundo de aparências.

A causa dos problemas financeiros, na maior parte dos casos, é consequência de conflitos psicológicos. São questões que carregamos dentro de nós mesmos e que ao enxergar com mais clareza podemos tentar reparar, a fim de promover uma mudança de hábitos a partir da conscientização e do desejo de cada um.

Controle é a chave do sucesso

Não se deixe dominar pelo dinheiro.

Faça o dinheiro trabalhar para você.

A importância de poupar.

Dissemine seu conhecimento.

Não se deixe dominar pelo dinheiro

Para aqueles que aplicam a educação financeira e estão na caminhada rumo aos seus sonhos, a transformação comportamental acontece como uma consequência dos passos que vão sendo dados durante essa jornada.

Pouco a pouco não só aparecem novos hábitos que passam a fazer parte do seu cotidiano, como também o patamar da sua vida financeira vai entrando em equilíbrio até alcançar certa estabilidade.

No entanto, para aqueles que não conseguem controlar o próprio dinheiro, uma situação muito crítica se incorpora à sua vida financeira. O que quero dizer é que se você não controla o seu dinheiro, ele acabará controlando você.

Conforme a comparação que fiz anteriormente, uma boa maneira de lidar com o dinheiro é enxergá-lo como um bichinho de estimação. Pensando dessa forma, fica fácil compreender que muitos animais carecem ser "domados" ou, mais precisamente, "adestrados". Com o dinheiro acontece o mesmo.

Seguindo esse raciocínio, a partir do momento em que você perde o controle do seu dinheiro e não mantém a rédea curta, ele poderá vir como um touro bravo para cima de você. Isso acontece muito quando as pessoas se deixam enredar pelo uso dos créditos fáceis, dos quais já falamos anteriormente.

E, assim, o que antes era apenas um bichinho de estimação vira uma tremenda fera. Essa fera é alimentada pelos juros determinados pelas instituições financeiras que lhe concedem cartões de crédito, cheques especiais, empréstimos consignados e mais uma avalanche de opções que são capazes de levar a um desequilíbrio financeiro ainda maior.

Quando eu digo que o dinheiro pode controlar você, isso significa que, a cada mês, os juros aumentarão o valor dos seus débitos, fazendo com que você passe a trabalhar somente para conseguir pagá-los.

É importante que você perceba que se só tiver condições de pagar os juros e não conseguir quitar o valor inicial tomado como crédito, se tornará refém do dinheiro. E com isso voltamos ao clássico exemplo da bola de neve, que cresce sem parar. O que antes poderia ser um dinheiro seu, agora volta-se contra você, como um animal doméstico que passa a destruir seus móveis e transforma a sua vida num caos.

Portanto, quando for adquirir um bem ou serviço, lembre-se de que a sensação inicial de êxtase que tal coisa vai proporcionar pode ser, a médio prazo, substituída por um temor constante causado por pensamentos como: "Será que conseguirei pagar por isso?".

Sem contar que, nos primeiros dias após realizar a compra, os seus olhos brilharão ao avistar o que foi adquirido. Porém, com o passar das semanas ou até mesmo dos meses, eles se acostumarão com aquilo, e o que antes lhe provocava empolgação passará a ser algo comum, usado e gasto.

E o que é pior: logo em seguida você será novamente tomado pela vontade de consumir outra coisa e depois outra, e assim cairá infinitamente no mesmo erro até a exaustão ou a falência.

Faça o dinheiro trabalhar para você

Já vimos o que pode acontecer se não controlarmos o nosso dinheiro: um montante de juros se acumula e acaba por virar uma imensa bola de neve difícil de deter. Consequentemente, você percebe que esses juros fazem de você escravo de um dinheiro que antes era seu e que poderia ter tido outro destino, mais positivo para a sua vida.

Esse outro destino, muito mais bem-vindo para suas finanças, também incluiria juros. Só que, nesse caso, os juros estariam a seu favor e trabalhariam para você. De que forma? Bom, eles se acumulam conforme os rendimentos que você tem depositados no banco. Isso faz com que a sua poupança cresça cada vez mais, dia após dia.

Quando abordo esse tema em minhas palestras, muitas pessoas argumentam: "Mas, Reinaldo, a taxa de juros que a poupança rende é tão pequena, quase nada. Nem dá vontade de aplicar dinheiro nesse tipo de investimento".

Pois eu digo que esse é o primeiro passo. Se você pensar que não fez absolutamente nada e está ganhando um percentual em cima do valor que tem acumulado na poupança, já é alguma coisa. Mesmo que seja pouco, é dinheiro, não acha?

E tem mais: os gastos com juros da poupança aumenta à medida que cresce o valor depositado. Então, quanto maior a quantia, maiores os ganhos, o que significa que hoje talvez pareça um valor pequeno porque você tem uma quantia pequena de dinheiro guardada, mas amanhã...

Juntar o primeiro montante de dinheiro parece ser uma tarefa difícil, mas se você conseguir dar início ao processo e chegar a obter um valor considerável, o dinheiro passa a ficar "sob o seu domínio" e assim vai, pouco a pouco, juros a juros, aumentando de tamanho. Portanto, comece a pensar que os juros podem ser o vilão da sua história financeira, mas também podem ser o mocinho – tudo dependerá do seu comportamento.

Entendido o processo e tomada essa decisão, o mais recomendável é que você escolha um banco confiável e seguro para guardar o seu dinheiro. Lembre-se de que banco não é apenas aquela instituição que nos oferece empréstimos e limites de crédito facilitados.

O banco pode ser nosso amigo se aprendermos a nos relacionar com ele de forma saudável. Ao abrir uma poupança no banco de sua preferência, tenha a disciplina de depositar a quantia necessária para o investimento nos seus sonhos de curto, médio e longo prazos.

O banco, agora jogando no seu time, vai colocar um pouquinho de dinheiro lá todo mês para que você aumente cada vez mais rápido o seu primeiro montante. Quanto mais dinheiro acumulado, maior será essa quantia. Vendo as coisas dessa maneira, fica mais fácil encontrar motivação para realizar esse planejamento, não acha? Essa é a premissa do que chamamos de juros compostos.

Ao atingir um valor considerável, é aconselhável também que você passe a diversificar os seus investimentos para não concentrar todo o seu dinheiro em uma única instituição financeira.

Quando sentir que os valores acumulados chegaram a um nível acima do que você é capaz de administrar, procure um especialista da área financeira e peça orientações de como investir em outras modalidades econômicas.

Com uma boa consultoria, você poderá escolher onde e como aplicar os seus rendimentos, tendo a felicidade de saber que parte das suas metas para ter uma boa vida financeira está garantida.

E os seus três sonhos, antes longínquos, tornam-se cada vez mais próximos. Nessa etapa, é recomendável que você esteja atento às opções de investimento, pensando sempre em três tipos de aplicações, sendo cada uma delas correspondente a um de seus sonhos, de acordo com a ordem de prazos preestabelecidos.

Para os sonhos de curto prazo, eu recomendo a caderneta de poupança; para sonhos de médio prazo, eu aconselho o CDB, o tesouro direto ou o ouro; e para sonhos de longo prazo, eu indico as previdências social e privada, o tesouro direto e a aquisição de imóveis. Ao entender melhor como funciona o mundo das finanças, você percebe que é tudo muito simples. Basta guardar dinheiro e colocar numa instituição financeira de sua confiança, para render juros. A partir daí, a coisa deslancha.

Então você me pergunta: "Mas é só isso, Reinaldo? E por que as pessoas fazem tantos cálculos, criam planilhas complexas e se debruçam em estatísticas para tomar conta do dinheiro?".

Nós, seres humanos, gostamos de complicar aquilo que é simples. Se você se disciplinar e adotar o hábito de poupar, o dinheiro se curvará aos seus pés, o banco será seu amigo, cartões de crédito e débito serão apenas meios de pagamento e os juros trabalharão a seu favor. Não esqueça: tudo é muito simples, só depende de como você vê.

A importância de poupar

Agora que já vimos a importância de juntar dinheiro e como fazer com que isso se acelere por meio do funcionamento dos juros compostos, eu lhe pergunto: "Juntar dinheiro para quê?".

Você deve estar pensando que a resposta é muito fácil e ela envolve realizar sonhos. Sim, esse pode ser considerado um dos motivos principais quando o assunto é guardar dinheiro e fazê-lo render.

No entanto, existem outros pontos a serem considerados. Um deles é a criação de uma reserva estratégica. Tocamos rapidamente nesse assunto em alguns tópicos deste livro, porém, vale destacar aqui sua importância.

Se você tem uma quantia guardada e ela equivale a pelo menos seis meses do seu custo atual de vida, isso significa dizer que, se você perdesse todas as suas fontes de rendimento hoje, certamente conseguiria sobreviver por um semestre mesmo sem obter nenhum outro tipo de receita financeira.

Isso é importante para assegurar uma estabilidade para a chamada "época das vacas magras". Ou seja, num momento de crise financeira você não passará por grandes apertos e terá um tempo razoável para se reestruturar.

Um colega de profissão, certa vez, estando desempregado, teve que se submeter a uma cirurgia no joelho que o deixou de cama por quatro meses. Veja só que infortúnio, a vida o surpreendeu com duas intempéries: a crise profissional e o problema de saúde.

No entanto, como ele sempre foi um indivíduo muito prevenido, conseguiu passar por essa turbulência com folga. Na época, o que ele tinha acumulado em poupança e aplicações diversas equivalia ao valor de 24 meses de estabilidade financeira, mantendo o padrão de vida da família com tranquilidade.

Portanto, um dos propósitos que deve nos conduzir ao hábito de guardar dinheiro é ter assegurada uma reserva extraordinária que poderá nos acudir quando algum imprevisto atravessar o nosso caminho.

Outro fator a ser considerado é a aposentadoria. Muitas pessoas se esquecem de cuidar do futuro, concentrando-se apenas em gozar o presente. No entanto, ao chegar à terceira idade se arrependerão de não terem sido precavidas.

A maior parte dos aposentados no Brasil hoje não consegue manter o padrão de vida que possuía quando trabalhava. Sabemos também que o INSS não garante muita coisa em termos de solidez e garantia de benefícios.

Portanto, é aconselhável investir desde cedo numa aposentadoria privada ou em algum outro tipo de aplicação que possa garantir uma situação financeira estável quando a velhice chegar.

A aquisição de imóveis destinados à locação também pode ser considerada uma forma de se preparar para o futuro. Quanto maior o seu patrimônio, mais rendimentos terá condições de acumular ao longo da vida.

A aposentadoria, nesse caso, faz parte da categoria dos sonhos de longo prazo, ou seja, é um dinheiro inicial que pode ficar aplicado por 20 ou 30 anos, rendendo juros, até o seu resgate.

Sendo assim, é primordial pensar que se preparar para o futuro deve ser uma meta viva em seus planos: não deixe que isso se apague. Muitas pessoas acabam deixando o assunto para lá, pois pensam da seguinte maneira: "Ainda falta tanto tempo para a minha velhice, que posso adiar o início desse investimento para o mês que vem".

Dessa forma, o tempo vai passando e quando o sujeito se dá conta, já envelheceu e não se preparou como deveria para essa etapa da vida, tendo que arcar com as consequências da sua imprudência.

Mesmo estando na terceira idade, é provável que ele tenha de trabalhar para se manter ou, o que é pior, precisará contar com a ajuda de parentes ou mesmo da caridade alheia para sobreviver com alguma dignidade.

Portanto, além de guardar dinheiro para realizar os seus sonhos ao longo da vida, é vital não deixar de lado a preocupação com algum tipo de aposentadoria e a manutenção de uma reserva estratégica para se sentir respaldado lá na frente.

Dissemine seu conhecimento

Estamos chegando ao fim desse bate-papo sobre equilíbrio financeiro e como reduzir o impulso de comprar. No entanto, eu guardei uma última reflexão para o desfecho dessa nossa prazerosa conversa: os ensinamentos que têm sido perpetuados, ao longo dos séculos e das civilizações, no que se refere à educação financeira.

Acumular dinheiro foi uma prática ensinada, através dos tempos, de pai para filho. No entanto, em épocas remotas, o mundo não era como hoje, em que o crédito fácil é a bola da vez e os apelos de consumo acabam levando muitas pessoas à beira do precipício financeiro.

Antigamente, os pais não precisavam ensinar seus filhos a resistir às "armadilhas publicitárias" ou mesmo a escapar dos juros altos cobrados pelas linhas de crédito das instituições financeiras.

Ao longo de muitos séculos esse quadro foi se modificando. Nossos bisavós e avós já viveram num mundo completamente diferente desse de outrora, tão antigo. E, apesar de estarem dentro de uma sociedade já marcadamente capitalista, não souberam passar para as outras gerações uma noção mínima de educação financeira.

Especialmente no Brasil, o que vemos hoje é uma realidade em que a população conseguiu ter mais acesso ao dinheiro, porém não faz ideia de como cuidar dele.

Nas escolas, as gerações mais recentes simplesmente não tiveram ensinamentos sobre como lidar com a mesada, com a febre de consumo e com os anúncios que tanto tentam nos "iludir" a todo momento.

Estou sempre de olho no que acontece por onde passo e o que vejo são crianças em lojas de brinquedos querendo, a todo custo, ganhar determinada boneca ou carrinho que viram anunciado na televisão. Ou, o que é ainda pior, adolescentes torrando suas mesadas no início do mês, sem a menor noção da administração do dinheiro e mesmo do valor que ele tem.

Aliás, vale ampliar o foco na conduta dos adolescentes, pois esse é talvez o grupo mais consumidor de nossa sociedade visto que ainda não trabalham e, ao receberem suas mesadas – fruto de um dinheiro que efetivamente não batalharam para conquistar –, dedicam-se a gastá-las com qualquer tipo de produto à venda no mercado.

As crianças e adolescentes de hoje não adquirem noções de educação financeira nas escolas e nem em casa, com seus pais ou parentes. Isso significa dizer que muitos deles poderão ter um nível grande de dificuldade para lidar com o dinheiro quando atingirem a fase adulta.

Como reduzir o impulso de comprar

Na verdade, se fizermos uma autorreflexão, veremos que nossos pais não nos instruíram quando éramos pequenos sobre como agir em relação à nossa vida financeira. E falo dessa geração que vive no mundo de hoje. Alguns conseguiram aprender sozinhos a ter sucesso na vida financeira, porém, a grande maioria faz uso indiscriminado de empréstimos, financiamentos de todo tipo e linhas de crédito abusivas.

Essas práticas só comprovam uma coisa: o que deveria ser passado de pai para filho, em algum momento da história, deixou de fazer sentido, e, assim, a corrente de ensinamentos no que se refere à vida financeira e patrimônio familiar foi quebrada.

Portanto, o seu embaraço financeiro hoje é, de certa forma, justificável. No entanto, vale considerar que de posse de todas essas reflexões que fizemos aqui, você não deve mais perder as rédeas da sua vida financeira.

Daqui pra frente, você tem o compromisso moral não só de adotar medidas de educação financeira na sua rotina como também passar adiante tudo o que sabe sobre o assunto. Afinal, não se deve reter um conhecimento que poderá ser benéfico para toda uma comunidade.

E no que se refere ao trato com as crianças e adolescentes que você porventura tenha em seu convívio, a dica é não só falar sobre o assunto, mas também demonstrar, com atitudes, o que se deve ou não fazer dentro dos limites da nossa vida financeira. Vamos lá, faça você também a sua parte. Comprar com consciência e sustentabilidade é uma questão de escolha. Conto com você para, juntos, disseminarmos esse novo conceito de educação e equilíbrio financeiro na vida das pessoas. Boa sorte!

DSOP
Educação Financeira

Disseminar o conceito de Educação Financeira, contribuindo para a criação de uma nova geração de pessoas financeiramente independentes. A partir desse objetivo foi criada, em 2008, a DSOP Educação Financeira.

Presidida pelo educador e terapeuta financeiro Reinaldo Domingos, a DSOP Educação Financeira oferece uma série de produtos e serviços sob medida para pessoas, empresas e instituições de ensino interessadas em aplicar e consolidar o conhecimento sobre Educação Financeira.

São cursos, seminários, workshops, palestras, formação de educadores financeiros, capacitação de professores, pós-graduação em Educação Financeira e Coaching, licenciamento da marca DSOP por meio da rede de educadores DSOP e Franquia DSOP. Cada um dos produtos foi desenvolvido para atender às diferentes necessidades dos diversos públicos, de forma integrada e consistente.

Todo o conteúdo educacional disseminado pela DSOP Educação Financeira segue as diretrizes da Metodologia DSOP, concebida a partir de uma abordagem comportamental em relação ao tema finanças.

No portal DSOP Educação Financeira (www.dsop.com.br) você encontra mais informações sobre a Metodologia DSOP, simulações, testes, apontamentos, orçamentos e planilhas eletrônicas.

Reinaldo Domingos

Reinaldo Domingos é professor, educador e terapeuta financeiro, presidente e fundador da DSOP Educação Financeira e da ABEFIN – Associação Brasileira dos Educadores Financeiros. Publicou os livros Terapia Financeira; Eu Mereço Ter Dinheiro; Livre-se das Dívidas; Ter Dinheiro não tem Segredo; O Menino do Dinheiro – Sonhos de Família; O Menino do Dinheiro – Vai à Escola; O Menino do Dinheiro – Ação entre Amigos; O Menino e o Dinheiro; O Menino, o Dinheiro e os Três Cofrinhos; e O Menino, o Dinheiro e a Formigarra.

Em 2009, idealizou a primeira Coleção Didática de Educação Financeira para o Ensino Básico do Brasil, já adotada por diversas escolas brasileiras.

Em 2012, criou o primeiro Programa de Educação Financeira para Jovens Aprendizes, já adotado por diversas entidades de ensino profissionalizante, e lançou o primeiro Programa de Educação Financeira para o Ensino de Jovens e Adultos – EJA.

Contatos do autor

No portal DSOP de Educação Financeira (www.dsop.com.br) você encontra todas as simulações, testes, apontamentos, orçamentos e planilhas eletrônicas.

Contatos do autor:

reinaldo.domingos@dsop.com.br

www.dsop.com.br

www.editoradsop.com.br

www.reinaldodomingos.com.br

www.twitter.com/reinaldodsop

www.twitter.com/institutodsop

www.facebook.com/reinaldodomingos

www.facebook.com/DSOPEducacaoFinanceira

www.facebook.com/editoradsop

Fone: 55 11 3177-7800